Bei diesem Buch wurden die durch das verwendete Material und die Produktion entstandenen CO_2-Emissionen ausgeglichen, indem der cbj Verlag ein Projekt zur Aufforstung in Brasilien unterstützt.
Weitere Informationen zu dem Projekt unter:
www.ClimatePartner.com/14044-1912-1001

MIX
Papier | Fördert gute Waldnutzung
FSC® C084279

Wir produzieren Klimaneutral
ClimatePartner.com/14044-1912-1001
Druckprodukt

Penguin Random House Verlagsgruppe
FSC® N001967

7. Auflage der verkleinerten Ausgabe

(Die Originalausgabe erschien 2007
unter ISBN 978-3-570-13137-4)
Umschlagbild und Innenillustrationen: Julia Ginsbach
Text in Zusammenarbeit mit: Friederun Reichenstetter
Umschlaggestaltung: basic-book-design, Karl Müller-Bussdorf
hf · Herstellung: BB
Satz und Reproduktion: Lorenz+Zeller GmbH, Inning a. A.
Gesamtproduktion: Print Consult GmbH, München
ISBN 978-3-570-15437-3
Printed in Lithuania

www.cbj-verlag.de

Veronica Ferres

Nein, mit Fremden geh ich nicht!

Mit Illustrationen von
Julia Ginsbach

cbj

Eine Kindheit sollte immer glücklich und unbeschwert sein. Um das zu erreichen, brauchen Kinder einen besonderen Schutz – in der Familie ebenso wie in der Gesellschaft.

Leider keine Selbstverständlichkeit, sondern etwas, das sich nur durch nicht nachlassendes Engagement erreichen lässt.
Dies ist einer der Gründe, warum ich mich seit Jahren für die Prävention von sexueller Gewalt gegen Kinder und Jugendliche einsetze. Dabei ist es besonders wichtig, das Bewusstsein für das Recht auf körperliche Selbstbestimmung bei Kindern zu fördern, das kindliche Selbstvertrauen zu stärken, Grenzverletzungen erkennen zu lernen und sich dagegen zu wehren.
Gerade besonders Schutzbedürftige, nämlich sehr junge Kinder, sind zum Selbstschutz nur sehr eingeschränkt in der Lage.
Aber man kann auch sie – in sehr behutsamer und individueller Weise – an das Thema heranführen.
Deshalb hatte ich die Idee, mit dem vorliegenden Buch dazu beizutragen.
Auch sehr junge Kinder können schon ein Gespür dafür entwickeln, welche Situationen potentiell bedrohlich sein könnten und dass sie in solchen Angstsituationen Hilfe von Erwachsenen brauchen.
Mein Ziel war es, eine Geschichte zu erzählen, die einerseits ganz im Erfahrungsbereich ihres kindlichen Alltags angesiedelt ist und andererseits mögliche Gefahr deutlich macht, ohne Ängste zu schüren.

Die Geschichte der kleinen Lia liefert keine Patentrezepte zur Prävention. Sie will vielmehr Erwachsenen und Kindern einen Gesprächsanlass und -einstieg ins Thema »Gewalt gegen Kinder« bieten.
Bei diesem schwierigen Thema ist die individuell auf das einzelne Kind abgestimmte Begleitung durch Erwachsene – seien es Eltern oder Erzieher – unabdingbar.
Dieses Buch soll einen kleinen Beitrag dazu leisten, die Unversehrtheit unserer Kinder zu gewährleisten, indem wir sie stärken und so vor Übergriffen schützen, damit möglichst viele Kinder erfahren, was für ein unersetzliches Geschenk eine unbeschwerte, glückliche Kindheit ist.

Ihre

Veronica Ferres

Lia findet, dass dieser Morgen gar nicht
gut anfängt. Tim, ihr großer Bruder, zerrt
an ihren Haaren – nur so zum Spaß.
Aber Lia kann das gar nicht leiden.
»Lass das!«, schimpft sie. Da zieht er noch fester.
Jetzt wird Lia aber richtig wütend und beißt Tim
ganz fest in die Hand.
»Mamaaa!«, schreit Tim. Und dann ist Mama sauer
auf Lia!
»Du magst Tim viel lieber als mich!«, heult Lia.

Auch im Kindergarten ist heute alles verkehrt. Lias Lieblings-Kindergärtnerin ist krank. Und Anne, Lias beste Freundin, ist ganz komisch. Als Lia fragt: »Wollen wir Seilhüpfen?«, schüttelt sie nur den Kopf und fängt an zu weinen. Und dann bekommt Anne auch noch lauter rote Punkte auf der Haut. Darum holt ihre Mama sie ganz schnell ab und Lia muss alleine Seil hüpfen.

Erst als der Kindergarten aus ist, fällt Lia ein, dass sie nun mit niemandem heimfahren kann. Morgens bringt nämlich Lias Papa Anne und sie zum Kindergarten, mittags holt dafür Annes Mama beide ab. Manchmal geht Lia auch mit Moritz und seiner großen Schwester Sofie.

»Wer holt mich heute ab?«, fragt Lia Helen, die andere Kindergärtnerin. Aber die hat alle Hände voll zu tun.
»Ich kümmere mich gleich darum«, antwortet sie.
Lia wartet und wartet…
Nur Moritz aus Lias Gruppe ist noch da.
Schließlich wird auch er von Sofie abgeholt.

»Sofie, nimm doch bitte Lia mit!«, ruft nun Helen. »Ich hab mit ihrer Mutter telefoniert und sie hat gesagt, dass Lia heute mit euch gehen kann.«

»Da muss ich extra einen Umweg machen!«, murrt Sofie.

An einer Straßenkreuzung sagt Sofie dann zu Lia: »Von hier findest du doch allein heim, oder? Einfach geradeaus. Das weißt du ja selbst.«

Lia nickt. Weit kann es nicht mehr sein. Mit dem Auto geht es immer ganz schnell.

Immerhin bin ich schon fast sechs Jahre alt, denkt Lia, als Sofie und Moritz um die Ecke gebogen sind. Und vielleicht geht Mama später mit mir ins Schwimmbad. Es ist schon den ganzen Tag so heiß.

Da steigen plötzlich auch noch dicke, dunkle Wolken auf. Und dann fängt es zu donnern an. Nicht laut, aber doch laut genug, dass Lia auf einmal Angst bekommt. Gewitter kann sie fast noch weniger leiden als an den Haaren gezogen zu werden.

Blumenstraße
ahn

Der Weg ist weiter, als Lia gedacht hat. Und die kleine schmale Straße, durch die sie gerade geht, nimmt kein Ende. Die einzige Abwechslung ist ein silbernes Auto, das neben ihr herfährt und immer mal wieder hält. Wahrscheinlich sucht der Mann, der darin sitzt, nach einer Hausnummer.

Es donnert immer lauter und dann fängt es auch noch zu regnen an. Lia hat keinen Regenmantel dabei. So stellt sie sich in einen Hausgang. Hätte Sofie mich nur nicht allein gelassen, denkt sie. Ist das überhaupt der Weg nach Hause? Plötzlich ist Lia sich gar nicht mehr sicher. Irgendwie ist die Straße an diesem Mittag auch ein bisschen unheimlich. So grau. Und so einsam. Niemand ist unterwegs.

Nur der Mann im silbernen Auto. Das hält jetzt fast neben dem Hauseingang, in dem sie steht. Die Fahrertür geht auf. Der Mann steigt aus. Er kommt auf Lia zu. In der Hand trägt er einen aufgespannten Regenschirm.
»Soll ich dich ein Stück mitnehmen?«, fragt er freundlich. »Es regnet ganz schön.«

Lia schüttelt den Kopf. Geh niemals mit jemandem, den du nicht kennst, haben ihr Mama und Papa immer und immer wieder gesagt. Aber sie kennt den Mann – vom Sehen. Er sitzt öfter mal beim Spielplatz auf einer Bank. Und außerdem sieht er ein bisschen aus wie Onkel Florian, Papas Bruder, mit seinem blonden Lockenkopf. Den mag Lia besonders gern.
Florian lacht auch genauso nett wie dieser Mann.

»Wie heißt du denn?«, fragt der Mann.
»Lia«, sagt Lia.
»Und wo wohnst du?«, fragt er.
»In der Blütenstraße«, antwortet Lia.
»Genau um die Ecke wohne ich auch«, sagt der Mann und lächelt Lia an.
»Wäre ja wirklich zu dumm, wenn du im Regen heimlaufen würdest.«
»Ich bin nicht dumm«, sagt Lia.
»Eben«, antwortet der Mann.

POWER
CHILD

Es regnet jetzt stärker.
Und es wird immer dunkler.
Der Mann ist wirklich nett. Netter als alle,
die sie heute NICHT abgeholt haben.
Lia nickt.
»Dann komm mit unter meinen Regenschirm«,
sagt der Mann.
Als sie zum Auto gehen, sieht Lia auf der andern
Seite der Straße einen Schreibwarenladen.
Dort hat Mama erst letzte Woche mit ihr
eingekauft. Von dort aus ist es wirklich
nicht mehr weit nach Hause.

SCHREIB
LADEN

Als der Mann die Autotür aufmacht, sagt Lia
darum schnell: »Danke, ich bin eigentlich
gleich zu Hause«, und geht weiter.
Da packt sie der Mann am Arm, ganz fest.
So, dass es Lia richtig wehtut.
»Nein, nein, nein!«, schreit Lia. »Fassen Sie mich
nicht an!«
Jetzt sieht der Mann gar nicht mehr freundlich aus.
Und er zieht so sehr an Lias Arm, dass sie stolpert
und mit dem Kopf an die Autotür schlägt.
»Nein!«, schreit da Lia so laut sie kann
und beißt den Mann in die Hand
so fest sie kann.

offen

Im Schreibwarenladen geht die Tür auf und eine Frau kommt heraus. »Was ist denn hier los?«, fragt sie.

»Ich will nicht mit ihm fahren, er hat mir wehgetan!«, schluchzt Lia und zeigt auf den Mann.

Der hat sich inzwischen schnell ins Auto gesetzt und rast davon. Weg ist er.

»Hast du den Mann gekannt?«, fragt die Frau.

Lia schüttelt den Kopf. »Nicht richtig. Nur am Spielplatz habe ich ihn ein paarmal gesehen.«

»Gut, dass du laut geschrien hast«, sagt die Frau.

»Gebissen habe ich ihn auch noch«, sagt Lia. »Ganz fest sogar.«

»Besser hättest du es gar nicht machen können«, meint die Frau vom Schreibwarenladen und streicht Lia übers Haar.

Zum Glück hat Lia die Telefonnummer von zu Hause in ihrer Kindergartentasche.

Mama kommt ganz schnell, um Lia abzuholen.

Als Mama von dem Mann im Auto erfährt, wird sie schneeweiß vor Schreck.

Konzert in
Bach
Vivaldi
Telemann
Pergolesi
St. Georg
Billy Bott
in concert
24.05.
2000

Am Abend schenkt Tim Lia seinen schönen Bären aus Schokolade, den er sich von seinem Geburtstag aufgehoben hat.
Als Lia schon im Bett liegt, setzen sich Mama und Papa noch zu ihr. Mama streicht ihr übers Haar: »Mein großes Mädchen«, sagt sie, »das sich schon so gut wehren kann.«
»Ich bin stolz auf dich!«, sagt Papa. »Und wenn dich wieder mal jemand anspricht und dich anfasst, läufst du ganz schnell weg und schreist um Hilfe. Versprochen?«
»Versprochen!«, murmelt Lia und kuschelt sich ganz fest in Mamas Arme. Und dort schläft sie auch ein.